구석구석 숨어 있는
전통문화를 찾아라!

글 한혜선

서울에서 태어나 국문학을 공부했어요. 동양일보 신인문학상, 아동문예 신인문학상, 아이세상 창작동화상을 받으면서
동화 작가가 되었어요. 그동안 지은 책으로 『나루, 나루, 강나루』『어린이를 위한 긍정의 힘』이 있고,
세계 명작들을 각색하는 일도 했어요. 우리 역사가 담긴 유적지 탐방을 좋아하고, 앞으로 우리 역사에 대한 동화책을 쓰는 게
꿈이랍니다.

그림 한미경

2002한국출판미술대전에서 특별상(대한출판문화협회장상)을 받았고, 한국출판미술협회 회원으로 활동하고 있어요.
그동안 그림을 그린 책으로『물 흐르듯 살아라』『안데르센 동화집』『빨간부채 파란부채』『소크라테스』『어리석은 사나이』등이 있어요.
자연을 사랑하고, 어린이에게 소중한 추억과 따뜻한 정서를 심어 주는 그림을 그리려고 노력하고 있어요.

mkhan35@hanmail.net

구석구석 숨어 있는
전통문화를 찾아라!

초판 4쇄 발행 2018년 3월 5일
발행인 박형준
펴낸곳 도서출판 거인
출판등록 제2002-000121호
주소   서울시 마포구 상수동 와우산로 48 로하스타워 803호
전화 02-715-6857,9 | 팩스 02-715-6858
편집책임 안성철
디자인 박윤선
마케팅 이희경 김경진

ISBN 978-89-6379-010-7 73380

구석구석 숨어 있는
전통문화를 찾아라!

글 한혜선
그림 한미경

거인

이 책을 읽기 전에

가장 먼저 배낭 아저씨를 찾아보세요.

어린이 여러분, '전통문화'라는 말 들어 보았나요? 전통문화란 옛날에 우리 할머니, 할아버지들이 살아왔던 모습 중에서 지금까지도 이어져 내려온 것들이에요.

이 책에는 전부 열 가지의 전통문화가 나와요. 장 담그기, 소싸움, 군항제, 수문장 교대 의식, 인사동 거리, 전통혼례, 탈, 궁중연회, 정월대보름, 고싸움. 모두 우리 조상들의 지혜와 삶이 살아 있는 생생한 역사의 장이지요.

우리는 역사가 살아 있는 대한민국의 전통을 통해 빛나는 우리 문화의 가치를 되새겨 볼 수 있을 거예요.

그럼, 지금부터 이 책을 더 재미있게 보는 방법을 알아볼까요?

구석에 있는 그림들도 놓치지 마세요.

 멀리 있는 그림들도 빠짐없이 자세히 보아야 해요.

소싸움

사람들이 소리를 지르며 응원하고 있어요.
지금 소싸움이 벌어지고 있거든요.
소싸움은 아주 오래 전부터 전해져 온
우리나라의 전통 민속놀이예요.
또 그림 위쪽을 보면 수많은 소들이 자신의
새 주인이 누구일까 기다리고 있어요.
이것은 우시장이 선 모습이에요.
이때 오랫동안 키웠던 소를 팔면서
섭섭해 하는 사람들도 많지요.

숨은그림찾기

★ 배낭 아저씨가 어디 있는지 찾아보세요.

★ 소가 끄는 3대의 수레를 찾아볼까요?

★ 지팡이를 짚은 2명의 할아버지도 찾아보세요.

★ 달콤한 솜사탕을 파는 아저씨도 있어요.

★ 무전을 하는 이 사람을 찾아보세요.

★ 소싸움을 보러온 이 가족을 찾아보세요.

열 가지 전통문화 그림 속에는 재미있는 그림이 숨어 있답니다.
우선 전국 방방곡곡을 여행하고 있는 배낭 아저씨를 찾아보세요. 이 전통문화 여행의 주인공이거든요!
북적북적 정신없는 사람들 틈에 숨어서 여러분을 지켜보고 있을지도 몰라요.
그다음에는 각 장마다 곳곳에 숨겨 놓은 숨은그림도 찾아보세요.
아마 눈을 크게 뜨고 하나하나 손으로 집으면서 자세히 훑어보아야 할 거예요.

자, 그럼 지금부터 아름다운 전통이 살아 숨 쉬는 대한민국으로 신나는 여행을 떠나 볼까요?

복잡한 사람들과 물건들을 자세히 들여다보아야 찾을 수 있어요.

차 례

장 담그기   8
못생긴 메주가 된장이 된다고?

소싸움   12
우리 조상들의 삶과 함께해 온 소

군항제   16
물러서시오, 충무공 행차요!

수문장 교대의식   20
수문장 교대의식이 무엇일까요?

인사동 거리   24
옛날 물건들이 여기 다 있네?

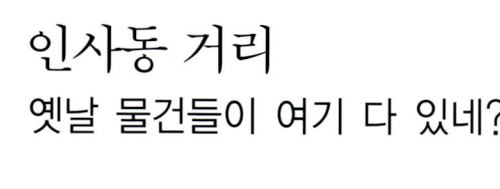

 **전통혼례**   28
신랑 신부 나갑니다!

탈   32
우리나라의 국보 하회탈

 **궁중연회**   36
옛날에는 무엇으로 연주했을까?

 **정월대보름**   40
달아, 달아 내 소원 들어 주렴!

 **고싸움**   44
이엉차, 고를 높여라!

장 담그기

"뭔데 이렇게 못생겼지?"
새끼줄로 묶여서 매달린 물건들이 있어요.
냄새를 맡아 보니 발 고린내가 나요.
바로 메주예요. 콩을 삶아서 절구에
찧은 다음 덩어리로 만든 것이지요.
그런데 이렇게 못생긴 메주가
아주 맛있는 음식이 된답니다.
메주가 있으면 된장과 간장,
그리고 고추장까지 만들 수 있으니까요.

숨은그림찾기

★  배낭 아저씨가 어디 있는지 찾아보세요.

★ 마을의 궂은일도 마다하지 않는 13마리의
   소를  찾아보세요.

★ 11마리 염소들의  울음소리가 정겹네요.

★ 3대의 경운기를 찾아보세요.

★ 나무를 심는  이 아저씨를 찾아보세요.

★  엄마 등에서 잠든 이 아기를 찾아보세요.

못생긴 메주가 된장이 된다고?

이른 봄이 되면 집집마다 장을 만드느라 바쁘답니다.
아주머니들이 물에 메주를 씻는 모습이 보이지요?
이것은 메주를 된장으로 만들기 위해 하는 일이에요.

간장, 된장, 고추장을 합쳐서 '장'이라고 해요.
우리나라 사람들은 옛날부터 장을 많이 먹었어요.
직접 고추나 오이를 찍어먹거나 찌개, 나물,
고기 요리 등에 장을 넣어 맛을 내기도 했지요.
그럼 음식에 장을 넣은 이유는 뭘까요?
장은 조미료와 같아요. 같은 음식이라도 장을
넣으면 음식 맛이 더 좋아지거든요.
그래서 우리나라 사람들은 음식을 만들 때
소금만으로 간을 맞추는 것이 아니라
장으로도 간을 맞추었어요.

이런 장은 우리 몸에 아주 좋은 음식이에요.
옛날 사람들은 고기와 생선이 귀해서 잘 먹지 못했어요.
그런데 장을 먹으면 고기와 생선을 먹는 것과 같아요.
고기나 생선에 있는 영양소와 장에 있는 영양소가 같거든요.
그리고 된장을 먹으면 암이라는 병이 잘 생기지 않는대요.

메주 만들기

❶ 메주콩을 뜨거운 물에 넣어서 삶은 다음에 절구에 넣고 찧어요.

❷ 틀에다 넣고 네모난 모양으로 만들어요.

❸ 메주에 곰팡이가 필 때까지 따뜻한 곳에 놓아두어요.

❹ 장 담글 때가 되면 메주를 새끼줄로 묶어서 햇볕에 말려요.

장 만들기

❶ 차가운 물에 메주를 깨끗이 씻어요.

❷ 항아리에 메주를 넣은 다음 준비해 둔 소금물을 부어요.

❸ 숯과 붉은 고추, 붉은 대추를 항아리에 띄워요. 숯은 나쁜 냄새를 없애고 고추는 장맛이 변하는 것을 막아줘요.

❹ 햇볕에 두 달 정도 익히면 소금물에서 건진 메주는 된장이 되고, 소금물은 국간장이 됩니다.

소싸움

사람들이 소리를 지르며 응원하고 있어요.
지금 소싸움이 벌어지고 있거든요.
소싸움은 아주 오래 전부터 전해져 온
우리나라의 전통 민속놀이예요.
또 그림 위쪽을 보면 수많은 소들이 자신의
새 주인이 누구일까 기다리고 있어요.
이것은 우시장이 선 모습이에요.
이때 오랫동안 키웠던 소를 팔면서
섭섭해 하는 사람들도 많지요.

숨은그림찾기

★  배낭 아저씨가 어디 있는지 찾아보세요.

★ 소가 끄는 3대의 수레를 찾아볼까요?

★ 지팡이를 짚은 2명의 할아버지도 찾아보세요.

★ 달콤한 솜사탕을 파는 아저씨도  있어요.

★  무전을 하는 이 사람을 찾아보세요.

★ 소싸움을 보러온  이 가족을 찾아보세요.

우리 조상들의 삶과 함께해 온 소

아주 옛날에 이집 소, 저집 소들이 모여서
풀을 뜯다가 싸우는 일이 있었어요.
소 주인들은 자기집 소가 이기라고 응원했지요.
이것이 소싸움의 시작이에요.
소싸움이 점점 커지면서 마을의 축제가 된 거예요.
옛날에는 소싸움을 추석 무렵에 했어요.
농사일이 끝나서 바쁘지 않았고,
소도 살이 찌는 때였기 때문이에요.

소싸움 덕분에 전쟁에서 이긴 적도 있어요.
옛날 우리나라에 왜군이 쳐들어왔어요.
그때 곽재우라는 장군이 한 가지 꾀를 냈어요.
바로 소싸움을 시켰던 거예요.
소싸움이 벌어지니 그 근처에서는
뿌연 모래가 일어났지요.
이 모습을 본 왜군들은 우리나라 군인들이
무척 많다고 생각했어요.
왜군들은 겁을 먹었고 장군은 싸움에서
이길 수 있었대요.

소에 대한 또 다른 이야기도 있어요.
옛날에 어느 젊은이가 시골길을 걸어가고 있었어요.
그런데 한 농부가 두 마리의 소를 몰고 가는 거예요.
젊은이는 쉬기도 할 겸 나무 밑에 앉더니
농부에게 큰 소리로 물었어요.

"농부 아저씨, 둘 중 어느 소가 일을 잘합니까?"

그러자 농부는 급히 달려오더니
젊은이의 귀에 대고 이렇게 소곤거렸어요.
"검은소보다는 누런소가 일을 더 잘한답니다."
젊은이는 그 말을 하러 여기까지 달려온
농부가 이상하다고 생각했어요.
"그걸 왜 귓속말로 합니까?"

"아무리 말 못하는 소라도 자기에게
　　　나쁜 말하는 것은 다 알아듣는답니다."

농부의 말에 젊은이는 부끄러워졌어요.
젊은이는 그 뒤로 남의 험담을 절대 하지 않았대요.
이 젊은이의 이름은 황희였는데
나중에 아주 훌륭한 학자가 되었어요.

소 앞에서도 말을 조심했던 우리 조상들의
착한 마음을 알 수 있겠지요?

군항제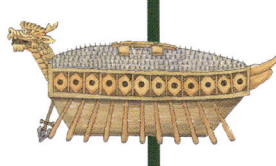

봄에 피는 꽃에는 무엇이 있을까요?
개나리, 진달래, 매화, 벚꽃, 목련…….
그중에서도 벚꽃은 우리나라 사람들이
참 좋아하는 꽃이에요. 벚꽃으로 유명한 곳
하면 사람들은 가장 먼저 진해시를 생각합니다.
진해시에는 34만 그루가 넘는
벚나무가 있어서 4월이 되면 진해시가
벚꽃으로 가득하기 때문이랍니다.
그리고 벚꽃이 피는 시기에 맞추어
군항제도 열리죠.

숨은그림찾기

★  배낭 아저씨가 어디 있는지 찾아보세요.

★ 깃발을 든 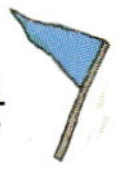  8명의 아이를 찾아보세요.

★ 나팔을 불고 있는 이 아이를  찾아보세요.

★ 카메라를 든 이 사람을 찾아보세요.

★ 이 소녀를 찾을 수 있겠어요?

★ 강아지를 데리고 나온 2명의 사람을 찾아볼까요?

물러서시오, 충무공 행차요!

군항제는 이순신 장군의 뜻을 잇기 위해 벌이는 축제랍니다.
이 축제를 보기 위해 모여드는 사람이 한 해에
200만 명이나 된다니 어마어마하지요?
진해 군항제는 1952년에 이순신 장군의 동상을 세우고
제사를 지내는 것으로 시작되었어요.
처음에는 진해시만의 축제였지만 이제는 전국에서
사람들이 모여들 정도로 크고 유명한 축제가 되었답니다.

이순신 장군은 우리나라 사람들이 가장 존경하는 분이랍니다.
옛날 우리나라에 왜군이 쳐들어왔어요.
그 전쟁은 7년 동안이나 계속되었던 아주 큰 전쟁이었지요.
그때 우리나라는 아무런 준비도 안 하고 있었어요.
나중에는 임금님까지 궁궐을 나와 북쪽으로
몸을 피할 정도로 큰 위험에 빠지게 되었지요.
이때 바다를 지키고 있던 이순신 장군은
거북선을 타고 왜군을 크게 물리쳤답니다.
바다에서는 이순신 장군 덕분에 왜군을 막을 수 있었지요.

충무공 승전 행차는 이순신 장군이 전쟁에서
이긴 것을 축하하는 행차예요.
'충무공'은 이순신 장군의 시호랍니다.

여러분 눈에 가장 먼저 보이는 모습은 무엇인가요?
아마 용 머리를 한 거북선일 거예요.

거북선은 이순신 장군이 만든 전투용 배예요.
거북 모양의 배라고 하여 거북선이라고 부르지요.
배 위를 철갑으로 둘러싸고 쇠못을 박았기 때문에
왜군들이 거북선에 올라타도 함부로 공격할 수가 없었답니다.
거북선 덕분에 이순신 장군은 여러 전쟁에서 이길 수 있었어요.

물러서시오, 충무공 승전 행차요!

거북선 뒤로는 이순신 장군의 가마가 따라오고 있어요.
또한 경찰차, 해군 의장대, 군악대도 이 행진에 함께해요.
사람들도 모여서 이 아름답고 멋진 모습을 지켜보고 있어요.

이 행차를 보면서 이순신 장군의 공을 다시 한번 생각하지요.
그리고 우리나라에 이순신 장군 같은 훌륭한 분이 있었다는
사실에 자랑스러움을 느낀답니다.

수문장 교대의식

"둥! 둥! 둥!"
덕수궁 앞에서 북소리가 들려요.
고개를 돌려보니, 옛날 옷을 입은
아저씨들이 서 있는 모습이 보여요.
깃발을 든 아저씨들, 창을 들고 있는
아저씨들도 있어요.
방송국에서 드라마를 찍는 걸까요?
아니에요. 지금 '수문장 교대의식'이라는
행사를 하고 있는 거예요.

숨은그림찾기

★  배낭 아저씨가 어디 있는지 찾아보세요.

★ 뛰어가는 이 소년을 찾아보세요.

★ 이 늠름한 수문군을 찾아보세요.

★ 매표소 앞에 선 이 남자를  찾아보세요

★ 자전거를 타는 이 사람을 찾아보세요.

★ 강아지를 데리고 나온 2명의 사람을 찾아보세요.

21

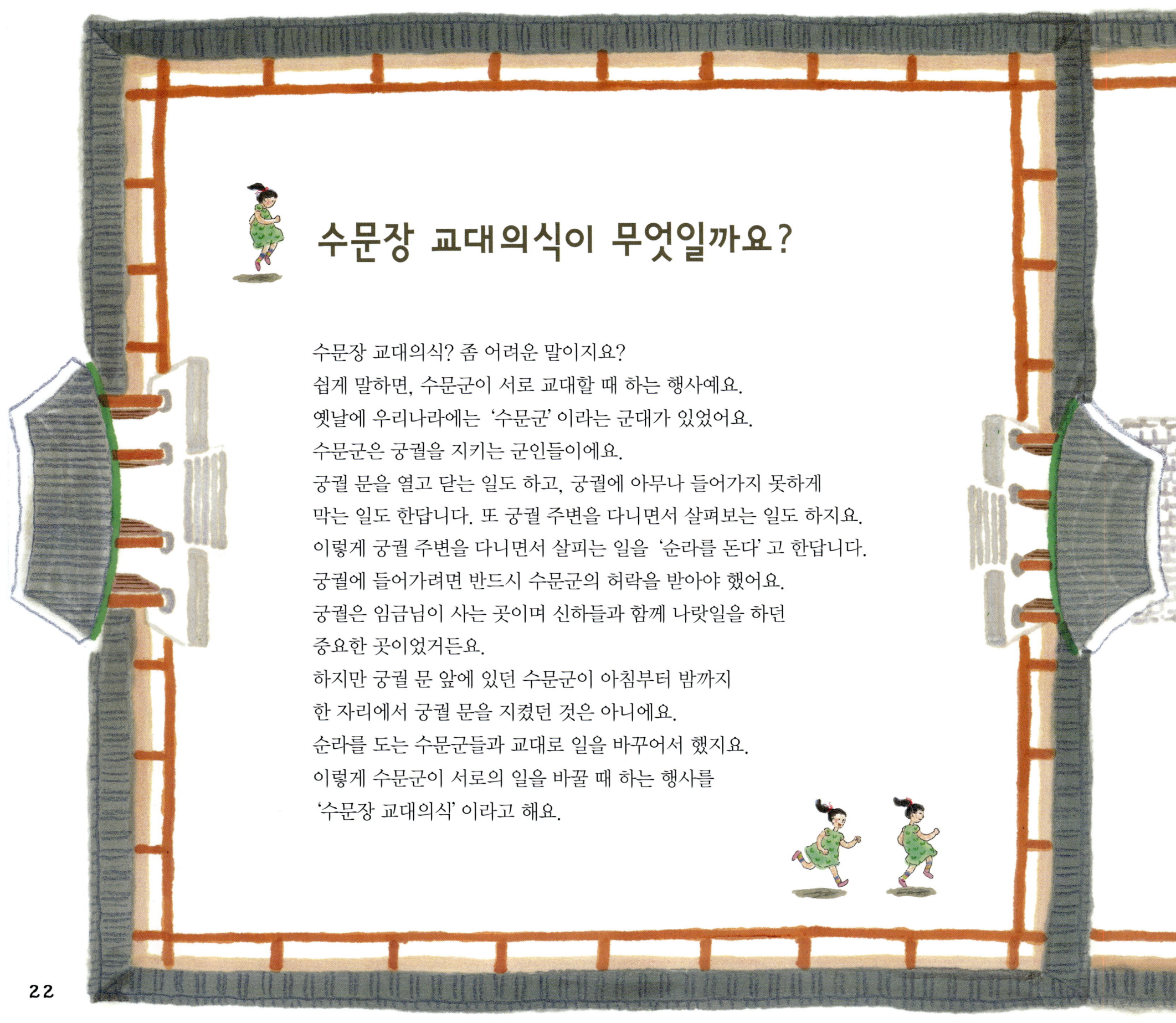

수문장 교대의식이 무엇일까요?

수문장 교대의식? 좀 어려운 말이지요?
쉽게 말하면, 수문군이 서로 교대할 때 하는 행사예요.
옛날에 우리나라에는 '수문군'이라는 군대가 있었어요.
수문군은 궁궐을 지키는 군인들이에요.
궁궐 문을 열고 닫는 일도 하고, 궁궐에 아무나 들어가지 못하게
막는 일도 한답니다. 또 궁궐 주변을 다니면서 살펴보는 일도 하지요.
이렇게 궁궐 주변을 다니면서 살피는 일을 '순라를 돈다'고 한답니다.
궁궐에 들어가려면 반드시 수문군의 허락을 받아야 했어요.
궁궐은 임금님이 사는 곳이며 신하들과 함께 나랏일을 하던
중요한 곳이었거든요.
하지만 궁궐 문 앞에 있던 수문군이 아침부터 밤까지
한 자리에서 궁궐 문을 지켰던 것은 아니에요.
순라를 도는 수문군들과 교대로 일을 바꾸어서 했지요.
이렇게 수문군이 서로의 일을 바꿀 때 하는 행사를
'수문장 교대의식'이라고 해요.

 **수문장**
수문군들 중에서 가장
높은 사람이에요.
수문군의 대장이지요.

 **승정원 주서**
수문장 교대의식을
순서에 맞게 하고
있는지 지켜 보는
사람이에요.

 **엄고수**
북을 치는
사람이에요.

 **취라척**
악기를 연주하는
사람이에요.

 **액정서 사약**
궁궐 문의 열쇠를 갖고
있는 사람이에요.

 **수문군**
궁궐 문을 지키는
군인이에요.

인사동 거리

우리나라의 옛날 물건들을 보고 싶은가요?
엄마와 아빠, 할머니와 할아버지들이
어떤 물건들을 갖고 살았는지 알고 싶나요?
그렇다면 인사동으로 가 보세요.
인사동 거리는 안국 전철역에서
탑골공원까지 이어진 곳이에요.
가는 곳마다 사람들의 눈길을 끄는
가게와 물건들이 많이 있지요.

숨은그림찾기

★ 배낭 아저씨가 어디 있는지 찾아보세요.

★ 여러 가지 탈을 든 아이들 10명을 찾아보세요.

★ 한복을 보고 있는 이 아주머니를   찾아보세요.

★ 관광온  외국인 2명을 찾아보세요.

★ 울고 있는 이 소녀를  찾아보세요.

★ 고소한 호박엿을 파는 곳은 어디일까요?

옛날 물건들이 여기 다 있네?

토요일 오후와 일요일이면 인사동에는 차가 다니지 않아요.
그리고 거리에서는 여러 가지 축제와 행사가 열리지요.
또 예전에는 일요일이면 포도대장과
순라군들이 행차하는 모습도 볼 수 있었답니다.

부채로 부채질을 하면 더위가 금방 사라져 버려요.
옛날에는 선풍기나 에어컨 대신 부채로 더위를 이겨 냈어요.
엄마, 아빠에게 부채질을 해 주면 어떨까요?
"아유, 시원하다."
엄마, 아빠가 굉장히 좋아할 거예요.

금방이라도 하늘로 날아오를 것 같은 방패연들도 있어요.
우리나라 사람들은 겨울이면 연날리기를 했지요.
바람을 따라 하늘 높이 오르는 연을 올려다보면서
사람들은 추위도 잊었답니다.

"철퍽!"
떡메를 높이 들어 떡을 치는 아저씨의 모습이 보여요.
떡은 쫄깃쫄깃하고 맛있지만 그 떡을 치느라
얼마나 힘이 들까요?
그 옆에서 구경하는 아이들 좀 보세요.
고소한 떡을 입 안 가득 넣을 생각으로
한껏 들떠 있는 것 같네요.

인사동에는 가게들도 많지만 길에서 물건을 파는 노점들도 많아요.
특히 사람들의 인기를 끄는 건 호떡, 뽑기, 뻥튀기 같은 옛날 먹거리예요.
어른들이 여러분처럼 어렸을 때 했던 군것질이지요.

와! 달고 맛있는 엿이에요.
엿을 보니까 침이 꼴딱꼴딱 넘어가네요.
'엿' 하면 '울릉도 호박엿'이 유명하지요.
옛날에는 엿장수 아저씨가 가위를 쩔거덩거리며
동네에 나타나서 엿을 팔았어요.

27

전통혼례

여러분은 결혼식장에 가 본 적 있나요?
신랑은 양복을 입고, 신부는 하얀
웨딩드레스를 입고 결혼식을 올리지요?
하지만 옛날 결혼식은 이런 모습으로
하지 않았어요.
신랑 신부 옷차림이 지금과 많이 달랐고,
결혼식 순서도 달랐답니다.
자, 드디어 결혼식이 시작되는군요.

숨은그림찾기

★ 배낭 아저씨가 어디 있는지 찾아보세요.

★ 유모차를 타고 있는 아기 2명을 찾아보세요.

★ 축구공을  가진 아이 3명을 찾아보세요.

★   넘어져 있는 이 아이를 찾아보세요.

★ 풍선을 놓친  2명의 아이를 찾아볼까요?

★ 서로 돕는 2명의 친구를 찾아보세요.

신랑 신부 나갑니다!

옛날에는 신부 집 마당에서 결혼식을 올렸어요.
신랑은 사모관대를 하고 신부의 집으로 가야 했지요.
'사모관대'란 궁궐에서 나랏일을 하던 사람들이
입는 옷차림이에요.

신부는 뺨과 이마에 붉은색 연지곤지를 찍고,
머리에는 족두리를 썼어요.
결혼식은 가장 중요한 날이었기 때문에
제일 아름다운 모습으로 신랑을 만나는 거예요.

신부가 결혼식 때 연지곤지를 찍는 데에는
이유가 있었대요.
바로 귀신을 쫓아내기 위해서였어요.
옛날 사람들은 결혼식날 예쁜 신부를 질투해서
귀신이 나쁜짓을 할지도 모른다고 생각했어요.
옛날부터 우리나라는 붉은색이 귀신을
쫓는 색이라고 생각했거든요.

나무 기러기
사모
관복
목화

신부의 집에 들어온 신랑은 나무로 만든
기러기 한 쌍을 상에 올려놓아요.
이것을 '전안례' 라고 해요.
기러기는 한번 짝을 만나면 헤어지지 않는대요.
그러니까 기러기처럼 사이좋게 살라는 뜻에서
나무 기러기를 놓고 결혼했던 거예요.

그 다음에는 신랑과 신부가 서로 절을 해요.
이것을 '교배례' 라고 해요.
끝으로 신랑과 신부가 술을 나누어 마셔요.
이것을 '합근례' 라고 해요.

신부가 신랑을 따라 신랑 집으로 갈 때면
가마를 타고 갔어요.
그때부터 신부는 시댁에서 사는 거예요.
신부가 시댁 어른들에게 큰절을 올리면서
처음으로 인사드리는 것을 '폐백' 이라고 해요.
이때 시부모는 아이들 많이 낳고 잘살라는
뜻에서 신부의 치마에 밤과 대추를 던졌어요.

탈

마당에서 탈을 쓴 사람들이 춤추고 있어요.
얼굴에 쓰는 가면을 '탈'이라고 해요.
그런데 탈은 얼굴만 가리는 게 아니에요.
그림에 있는 사자를 보세요.
이렇게 온 몸을 가리는 탈도 있답니다.
탈을 쓴 사람은 자신이 쓰고 있는
탈의 주인이 돼요.
사자탈을 쓰면 사자가 된 것 같고,
할미탈을 쓰면 할미가 된 것 같지요.
그림의 탈춤은 황해도 지방에서 유명한
'봉산탈춤'이에요.

숨은그림찾기

★  배낭 아저씨가 어디 있는지 찾아보세요.

★ 토끼 머리띠를   한 사람이 10명이나 있어요.

★ 공연장에서 전화를 하는 이 사람을 찾아보세요.

★  공연 장면을 촬영하는 이 사람을 찾아보세요.

★ 신나게 박수를 치고 있는 이 아이를 찾아보세요.

33

우리나라의 국보 하회탈

양반탈

하하하, 얼굴만 봐도 웃음이 나올 정도로 재미있게 생겼지요?
이 탈들은 하회탈이에요.
국보로 정해서 나라에서 특별히 보호하고 있는 탈들이지요.
안동 하회마을에서 만들어진 탈이라서 하회탈이라고 부르는 거예요.

다른 탈들은 한 가지 표정만 지을 수 있지만
하회탈은 여러 표정을 지을 수 있어요.
어떻게 그러냐고요?
하회탈 중에는 턱을 움직일 수 있게 만든 것들이 있거든요.
턱 부분을 따로 만들고 끈을 달아 움직이면 표정도 달라져요.

하회탈 중에 이매탈(바보탈)이 있어요.
그런데 이매탈에는 턱이 없답니다.
여기에는 아주 슬픈 이야기가 전해지고 있어요.

선비탈

이매탈

초랭이탈

부네탈

각시탈

옛날 하회마을에는 허씨 성을 가진 사람들이 모여 살고 있었어요.
그런데 마을에 자꾸 안 좋은 일이 생겨서 사람들의 걱정이 많았어요.
그 무렵 허도령이라는 사람의 꿈에 산신령이 나타나 이런 말을 했어요.

"열두 개의 탈을 만들어 굿을 하면 마을에 나쁜 일이 생기지 않을 것이다.

그런데 탈을 모두 만들기 전까지 그 누구도 보아서는 안 된다."

잠에서 깨어난 허도령은 그때부터 방문을 꼭 잠근 채 탈을 만들었어요.
시간이 흘러 열두 번째 탈인 이매탈을 만들고 있을 때였어요.
그 마을에는 허도령을 마음속으로 좋아하던 아가씨가 있었어요.
그 아가씨는 허도령이 무척 보고 싶어서 허도령의 집으로 달려갔어요.
그리고 허도령 방에 문구멍을 만들어 안을 들여다보고 말았어요.
그 순간 허도령은 죽어 버렸어요.
마지막 탈인 이매탈의 턱을 다 만들지 못하고 죽었기 때문에
이대탈은 턱이 없는 탈이 되고 말았답니다.

궁중연회

궁궐 안에서 잔치가 열리고 있어요.
임금님과 왕비는 높은 곳에 앉아 있고,
마당에서 아름다운 여인들이 춤을 추고 있어요.
악기를 연주하는 사람들도 보이네요.
무슨 날이기에 잔치가 열리고 있을까요?
설날, 추석, 단오 같은 명절,
다른 나라의 신하가 손님으로 왔을 때에
궁궐에서는 잔치가 열려요.

숨은그림찾기

★ 배낭 아저씨가 어디 있는지 찾아보세요.

★ 공을 주우려는 이 아이를 찾아보세요.

★ 해금을 연주하는  이 사람을 찾아보세요.

★ 사진을 찍고 있는 이 사람을 찾아보세요.

★  연회장에서 이 사람을 찾을 수 있나요?

★ 이 사람은 어디에 있을까요?

옛날에는 무엇으로 연주했을까?

'잔치' 하면 춤과 노래를 빼놓을 수 없지요.
궁중연회 때 춤을 추었던 사람들은 기생들과 무동(춤추는 아이)들이었어요.
임금님 앞에서 나비처럼, 선녀처럼 춤추는 이들 옆에는
악기를 연주하는 사람들도 항상 함께했어요.
궁궐에서 사용하는 악기들 중에는 여러분이 처음 보는 악기들도 많을 거예요.
이런 악기들은 궁중연회 외에도 궁궐에서 제사를 지낼 때도 사용되었답니다.
그럼, 어떤 악기들이 있나 한번 구경해 볼까요?

궁중악기

편경
뿔망치로 'ㄱ'자 모양의 돌을 쳐서 소리를 내요.

편종
뿔망치로 종을 쳐서 소리를 내요.

방향
뿔망치로 쇳조각을 쳐서 소리를 내요.

해금
활로 2줄을 문질러서 소리를 내요.

생황
대나무로 만든 악기로 소리가 아주 맑아요.

나각
소라 껍데기로 만든 악기로 가공하지 않은 천연 악기예요.

당피리
대나무에 구멍을 뚫어 만든 악기예요.

대금
피리와 비슷한 악기인데 가로로 분답니다.

거문고
막대기로 6줄을 치거나 뜯으면서 소리를 내요.

아쟁
활로 7줄을 문질러서 소리를 내요.

가야금
손가락으로 12줄을 퉁기고 뜯으면서 소리를 내요.

정월대보름

새해가 되어 처음으로 보름달이 뜨는 날을
정월대보름이라고 해요.
이날 뜨는 보름달은 보름달 중에서도
가장 크고 밝아요.
그림을 보면 사람들이 둥그렇게 모여 있고
그 가운데 높이 솟은 달집 보이죠?
사람들은 달이 뜨면 달집에 불을 붙였어요.
달집이 활활 타오르면 그해에는
좋은 일이 생길 거라고 믿었답니다.

숨은그림찾기

★  배낭 아저씨가 어디 있는지 찾아보세요.

★ 10개의 눈사람이  마을 곳곳에 놓여 있어요.

★  굴렁쇠를 굴리는 아이 2명을 찾아볼까요?

★ 얼음을 깨고 낚시를 하는  사람이 있어요.

★ 한복을 차려입은  이 엄마와 아이를 찾아보세요.

★  연을 띄우고 있는 이 소년을 찾아보세요.

41

달아, 달아 내 소원 들어 주렴!

정월대보름에는 색다른 음식들도 많이 먹는데, 그 중의 하나가 약밥이에요.
찹쌀밥에 참기름, 간장, 은행, 밤, 대추, 꿀 등을 넣고 찐 음식이지요.
그런데 정월대보름에 약밥을 먹게 된 데에는 이유가 있대요.

옛날 소지왕이라는 임금님이 길을 가는데 쥐와 까마귀가 길을 막는 거예요.
그때 쥐가 말했어요.
"이 까마귀를 따라가십시오."
임금님이 까마귀를 따라 연못에 도착했을 때 한 노인이 편지를 주었어요.
임금님이 궁궐로 돌아와서 편지를 뜯으니
'거문고가 들어 있는 상자를 활로 쏘아라' 라고 써 있는 거예요.
임금님이 상자를 쏘자 놀랍게도 궁녀와 중이 튀어나왔지 뭐예요.
그 두 사람은 임금님을 죽이려고 상자에 숨어 있었던 거예요.
임금님은 까마귀에게 은혜를 갚기 위해 해마다 정월대보름이면
약밥을 만들어 제사를 지냈대요.

신나게 빙빙빙! 쥐불놀이

뭔가를 빙빙 돌리고 있는 아이가 보이지요?
이것은 쥐불놀이를 하는 모습이에요.
쥐불놀이는 농작물에 피해를 입히는 쥐를 쫓고
해충을 태우기 위해서 시작된 거예요.
쥐불놀이를 하기 위해서는 빈 깡통에 구멍을 뚫고
그 안에 불 붙인 솔방울을 넣어요.
그러고는 깡통에 끈을 달아 빙빙 돌리면서 뛰어다닌답니다.

부스럼아, 물러가라! 부럼깨기

정월대보름에는 땅콩, 잣, 호두, 은행도 깨물어 먹어요.
이것을 '부럼깨기'라고 해요.
정월대보름에 부럼깨기를 하면 그 해에는
부스럼도 생기지 않고 이도 튼튼해진대요.

소원을 들어 줘! 달맞이

보름달이 뜨기 전에 사람들은 일찌감치 높은 곳에 올라갔어요.
이날 보름달을 보면서 소원을 빌면 그 소원이 이루어진다고 생각했으니까요.
여러분은 어떤 소원을 빌고 싶은가요?

43

고싸움

마을과 마을이 두 편으로 나뉘어 놀이를 하고 있어요. 바로 고싸움 놀이예요. 옛날 사람들은 고싸움에 이기는 것을 굉장히 중요하게 생각했어요. 고싸움에서 이기면 농사가 잘 된다고 믿었거든요.
고싸움은 마을 사람들이 마음과 힘을 합칠 수 있는 흥겨운 놀이였답니다.

숨은그림찾기

★  배낭 아저씨가 어디 있는지 찾아보세요.

★ 아라비아인 4명을 찾아보세요.

★ 초가집 벽에 걸린 광주리를  찾아보세요.

★  곰인형을 든 이 소녀를 찾아보세요.

★ 군밤 장수를 찾아볼까요?

★ 무동을 탄 이 아이를 찾아보세요.

★ 덩덕궁!  절구를 찧는 이 사람들을 찾아보세요.

45

이엉차, 고를 높여라!

고싸움을 할 때에는 많은 사람들이 있어야 해요.
그럼 어떤 사람들이 있었을까요?

● 농악대
꽹과리, 북, 징, 장구를 치는 농악대가 있어요.
농악대는 고싸움을 더욱 흥겹게 만드는 사람들이었지요.
고싸움을 하는 사람들은 농악대의 응원 소리를 들으면서
힘을 냈어요.

꼬리줄잡이
그림에서는 보이지 않지만 멜꾼들 뒤로는 꼬리를
잡는 꼬리줄잡이가 있어요.
꼬리줄잡이는 고를 밀거나 잡아당기기도 하고
'고'의 방향을 바꾸기도 했지요.
꼬리줄잡이는 큰 힘이 필요하지 않기 때문에
여자들이 많이 했어요.

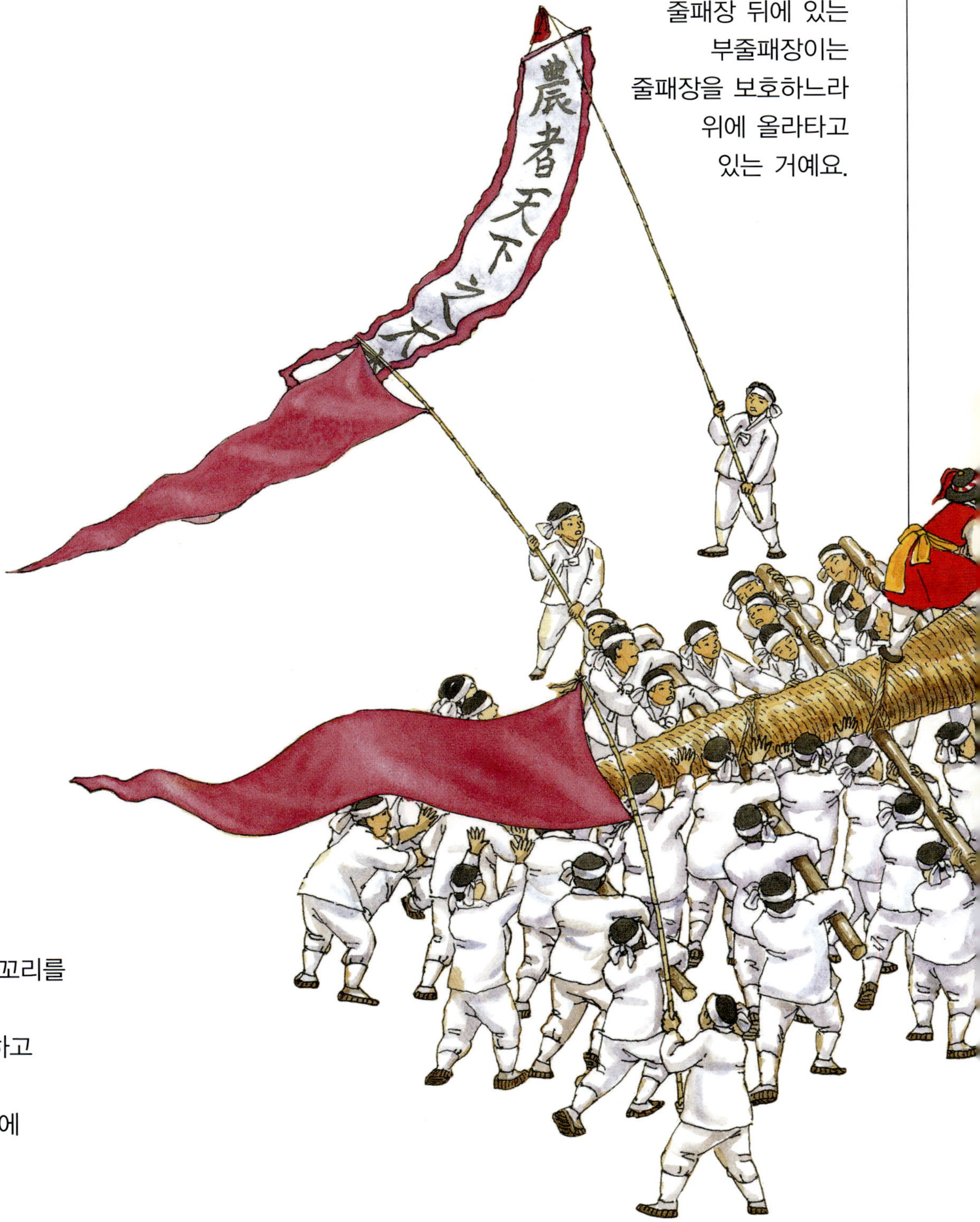

부줄패장이
줄패장 뒤에 있는
부줄패장이는
줄패장을 보호하느라
위에 올라타고
있는 거예요.

● 줄패장

맨 앞에 서서 고머리에 올라가고 있는 사람이 줄패장이에요.
줄패장은 고싸움을 하는 사람들 중에서 대장이지요.

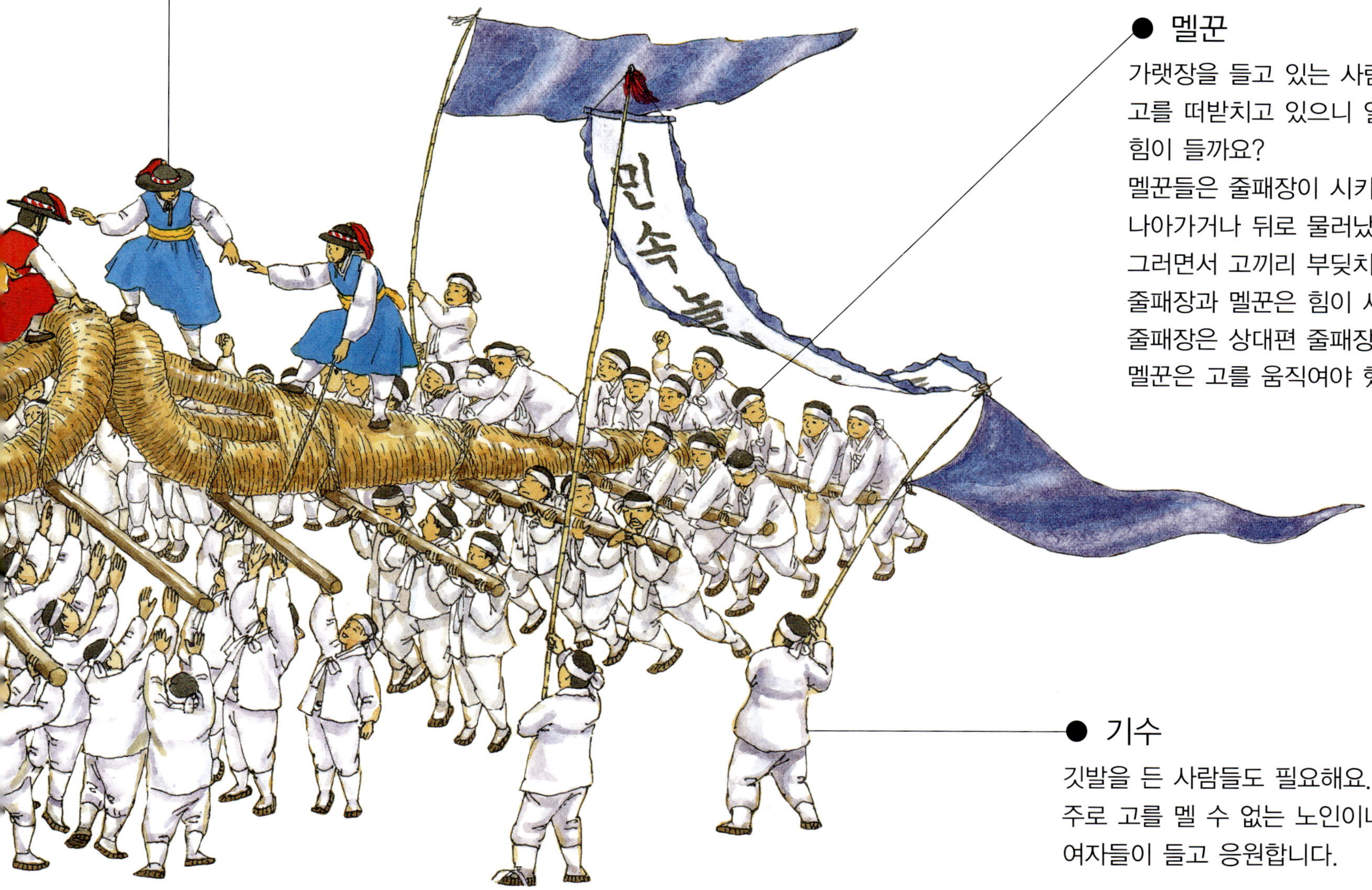

● 멜꾼

가랫장을 들고 있는 사람들은 멜꾼이에요.
고를 떠받치고 있으니 얼마나 무겁고
힘이 들까요?
멜꾼들은 줄패장이 시키는 대로 앞으로
나아가거나 뒤로 물러났어요.
그러면서 고끼리 부딪치게 하는 거지요.
줄패장과 멜꾼은 힘이 세야 해요.
줄패장은 상대편 줄패장과 싸워야 했고,
멜꾼은 고를 움직여야 했으니까요.

● 기수

깃발을 든 사람들도 필요해요.
주로 고를 멜 수 없는 노인이나
여자들이 들고 응원합니다.

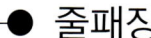

참고 자료

빛깔 있는 책들 시리즈 『장』 - 대원사
『세시풍속과 민속놀이』 - 세종대왕기념사업회
'신나는 교과서 체험학습' 시리즈 『운현궁과 인사동』 - 스쿨 김영사
'잘 먹고 잘 사는 법' 시리즈 『인사동』 - 김영사
『한국의 생활문화 과거, 현재, 그리고 미래』 - 교문사

유용한 웹사이트

청도 소싸움축제　www.청도소싸움.kr
진해시 문화관광　tour.jinhae.go.kr
해군사관학교박물관　museum.navy.ac.kr
한국문화재보호재단　www.chf.or.kr/fpcp
문화재청　www.cha.go.kr
안동하회마을 탈 박물관　www.mask.kr
국립국악원　www.gugak.go.kr
대동 고싸움놀이 어울마당　www.gossaum.org